Змея
Гороскоп
2024

Alina A. Rubi/Angeline Rubi

Опубликовано независимо

Знакомство

Китайский календарь является древним и сложным и никогда не упрощался. Во многих культурах лунный календарь был заменен солнечным.

Китайский, исламский и еврейский календари управляются лунными фазами. Это сложная система, так как они управляются не только лунными циклами, но и включают в себя солнечный цикл, цикл Юпитера и Сатурна.

Китайцы считают, что универсальная энергия управляется балансом. Концепция Инь и Ян является наиболее важной в этом балансе. Инь противоположен Ян и наоборот, но вместе они достигают полного баланса. Эту энергию можно найти во всем, что существует, как в материальном, так и в неосязаемом.

Символ Инь/Ян разделен на две половины, одна из которых черная (Инь), а другая белая (Ян). Обе части соединены посередине эллипсом, который соединяет их вместе, образуя кривую. Их цвета, черный и белый, означают, что дальность существует, и что для того, чтобы один из них существовал, другой, несомненно, должен существовать. Внутри Инь находится круг Ян, который символизирует, что тьма всегда требует света. Внутри Ян мы находим круг Инь, указывающий на то, что в свете мы всегда найдем тьму.

Эллипс, который их соединяет, означает, что все течет, трансформируется и развивается. Если есть дисбаланс любой из этих двух энергий, Инь или Ян, наша жизнь не сбалансирована, так как вместе они усиливают друг друга. Мы никогда не должны думать, что одна энергия превосходит другую, обе должны совпадать в равной степени.

К сожалению, в нашем обществе существует тенденция благоприятствовать энергии Ян, считая ее характеристики наиболее значимыми. Поступая так, мы создаем разделение между духовным и материальным планом, так как, уменьшая ценность энергии Инь, мы менее рефлексивны, думая, что восприимчивость – это что-то негативное, потому что она подразумевает хрупкость.

То же самое происходит и с темнотой, мы ее не только избегаем, но и боимся. Обе энергии важны. Мы можем быть духовными существами только тогда, когда существует равновесие между Инь и Ян, потому что вы не только свет, но и тьма. Ошибочно ценить и отдавать предпочтение сильным или действиям. Мы должны ценить и ценить женское начало и чуткость, потому что только так мы можем достичь истинного равновесия нашего существа с позиции любви и твердости.

В знаках китайского зодиака присутствуют энергии Инь и Ян, и именно они будут обусловливать характеристики каждого животного и элементов, связанных с ними.

Энергия Инь связана с темной, холодной, женственной, абстракцией, бездной и Луной. Знаки Инь вдумчивы, чувствительны и любопытны. Это Бык, Кролик, Змея, Коза, Петух и Свинья.

Энергия Ян связана со светом, теплом, поверхностностью, Солнцем и логическим мышлением. Это импульсивные и материалистические знаки. Это Крыса, Тигр, Дракон, Лошадь, Обезьяна и Собака.

Энергии Инь и Ян связаны с элементами, которые, в свою очередь, будут производными от лет, в которые они происходят. Каждый элемент обладает энергией Инь и Ян.

 Годы, оканчивающиеся на цифру 0, имеют элемент Металл и связаны с энергией Ян.

- Годы, оканчивающиеся на число 1, имеют Металл в качестве своей стихии и связаны с энергией Инь.

- Годы, оканчивающиеся на число 2, их стихия – Вода, и они связаны с энергией Ян.

- Годы, оканчивающиеся на число 3, их стихия – Вода, и они связаны с энергией Инь.

- Годы, оканчивающиеся на число 4, имеют Дерево в качестве своей стихии и связаны с энергией Ян.

- Годы, оканчивающиеся на цифру 5, имеют Дерево в качестве своей стихии и связаны с энергией Инь.

- Годы, оканчивающиеся на число 6, их стихия – Огонь, и они связаны с энергией Ян.

- Годы, оканчивающиеся на число 7, имеют Огонь в качестве своей стихии и связаны с энергией Инь.

- Годы, оканчивающиеся на число 8, их стихия – Земля, и они связаны с энергией Ян.

- Годы, которые оканчиваются на число 9, их стихия – Земля, и связаны с энергией Инь.

Общие предсказания на год Дракона

10 февраля 2024 года начинается сенсационный Год Зеленого Деревянного Дракона, а согласно китайской астрологии, зеленый цвет символизирует жизнь, перемены и рост.

Ассоциированная планета - Юпитер, планета очень благоприятная; мы будем пожинать плоды, посеянные в 2023 году.

Год Дракона в 2024 году принесет нам удачу, процветание, благополучие и прогресс. У нас будет много возможностей для роста и трансформации, но также и вызовов, и сложностей, что подчеркнет необходимость прощения, сочувствия и мирных решений.

В годы, когда стихией является дерево, жизнь вознаграждает людей общительных и профессиональных. Получение высшего образования или путешествие — вот некоторые из возможностей этого года.

У нас будет возможность развить свои лидерские качества, это год новых начинаний и создания структур, которые будут работать в долгосрочной перспективе.

Этот год Дракона благоприятен для перемен и роста, так как энергия деревянного дракона обладает способностью вдохновлять на новые идеи и возвышать наше воображение.

Нам предстоит прожить несколько этапов, которые будут полны трудностей, но именно в эти моменты мы должны использовать энергию дракона, чтобы добиться успеха и преодолеть трудности.

В течение года не забывайте, что дракон олицетворяет перемены и адаптивность - качества, которые помогут нам расти и обновляться.

2024 год будет насыщен возможностями для развития, мы переживем множество политических, экономических, реляционных и экологических конфликтов, подчеркивая, что мирные решения — это ответ на любую проблему.

Этот год будет стимулировать нас к новым делам и развитию предпринимательства, так как энергия Дракона, его качества смелости и амбициозности будут вдохновлять нас.

 У нас разовьется множество адаптационных способностей, а терпение и настойчивость позволят преодолеть все невзгоды и двигаться к успеху.

Этот год также благоприятен для работы над своим духовным ростом, очень важно сохранять концентрацию на своих целях.

В целом, это будет год позитивных перемен и значительных достижений в нашей жизни, когда мы сможем найти любовь, укрепить отношения, добиться экономического и духовного процветания.

Происхождение китайского гороскопа

Китайский гороскоп - традиция, насчитывающая более 5000 лет, и основан на лунных годах.

По преданию, Будда призвал всех животных, однако на его зов явились только двенадцать, расположенные в следующем порядке: крыса, бык, тигр, кролик, дракон, змея, лошадь, коза, обезьяна, петух, собака и свинья.

Каждое животное получало в подарок год, образуя двенадцатилетний цикл, используемый в китайской астрологии. Таким образом, каждый знак имеет название животного, и каждому животному соответствует свой год.

Каждому животному также была присвоена одна из пяти стихий, соответствующих планетарным энергиям:

- вода (планета Меркурий)
- металл (планета Венера)
- огонь (планета Марс)
- дерево (планета Юпитер)
- Земля (планета Сатурн)

Китайский гороскоп выражает аналогию космических энергий с каждым человеком. Поэтому энергия каждого человека представлена одним из двенадцати животных, образующих эту зодиакальную систему.

Каждое животное и соответствующая ему энергия определяются датой вашего рождения. Эти энергии определяют ваше поведение и восприятие мира. Для китайцев эти знаки символизируют наиболее яркие особенности нашего характера. Чтобы правильно понять значение животных, необходимо рассматривать их как духовные символы.

Китайский гороскоп не основан на солнечном цикле, на котором базируется западный гороскоп. Он основан на циклах Луны. Каждый лунный год имеет двенадцать новолуний, а каждые двенадцать лет - тринадцатое, поэтому новый год никогда не совпадает с датой предыдущего года.

Двенадцать животных китайского гороскопа влияют на жизнь, удачу и волю всех людей. Эти качества не проявляются открыто в повседневной жизни, но они всегда присутствуют, действуя в виде скрытых сил.

Китайский период в двенадцать лет связан с транзитом планеты Юпитер, и каждый китайский лунный год в западной астрологии практически соответствует продолжительности транзита Юпитера по знаку зодиака. Юпитер всегда находится в том знаке западной астрологии, который традиционно соответствует животному в китайском гороскопе.

Китайский элемент года 2024, Дерево

Элемент 2024 года - дерево. Дерево - творческий элемент. Если эта стихия соответствует вам по году рождения, то вам следует направить эту энергию в творческое русло.

Дерево символизирует сострадание и терпимость. Если вы хотите воспользоваться этими энергиями, важно в течение всего года окружать себя натуральными растениями, цветами и зелеными предметами.

Дерево - элемент, связанный со способностью проектировать и принимать решения, поэтому 2024 год будет годом развития, эволюции и расцвета.

Этот элемент связан с пищеварением, дыханием, сердцем и обменом веществ, а в традиционной китайской медицине он гарантирует непрерывный энергетический поток. Применительно к чувствам это означает правильное выражение наших эмоций.

В течение 2024 года дерево поможет нам обрести осознание и понимание объективной реальности. Оно принесет нам твердость и эмпатию в отношениях.

Дерево, связанное с нашей личностью, принесет нам необходимую дозу энтузиазма, решительности и динамизма, чтобы мы могли начать действовать и справиться со всеми трудностями этого года.

Дерево - элемент, необходимый нам в этом году для принятия необходимых решений, для перемен, которые крайне важны.

Благодаря этому элементу мы будем иметь правильные стратегии, способность организовывать и сохранять контроль над всеми процессами, но при этом сохранять гибкость.

Хотя это и элемент 2024 года, если у вас есть бизнес и вы хотите, чтобы он процветал и имел экономическое изобилие, вы должны учитывать и другие элементы.

В бизнесе **стихия Воды** является наиболее важной, так как она олицетворяет изобилие, богатство, власть и способность управлять, накапливать и сохранять свои деньги.

Вода не может застаиваться. Она не должна находиться в вазе, если воду не меняют каждый день, так как застой воды препятствует получению прибыли и отталкивает клиентов.

Чтобы деньги текли, должна течь вода. Если у вас есть бассейн, то его нужно чистить, если есть фонтан, то он должен выполнять цикл входа и выхода из него. В аквариуме она должна двигаться и насыщаться кислородом. В трубах она должна течь, хотя бы раз в день вы должны дать ей течь, открыв запорный кран.

В каждом бизнесе должна быть в движении стихия Воды, иначе он не будет накапливать товары и продвигаться вперед.

Даже если это всего лишь небольшой аквариум или емкость, в которой вода меняется каждый день.

Вода должна находиться у входа в бизнес или в северной или северо-западной зоне бизнеса, где хранятся деньги или осуществляется управление бизнесом.

Элемент Огня в бизнесе должен располагаться на юге помещения.

Она может находиться у входа, в конце или по бокам. Но если речь идет о пищевом бизнесе, то она может располагаться где угодно.

Огонь символизирует популярность и то изобилие, которое не накапливается, поэтому

Вода должна использоваться на противоположной стороне от Огня, так как Огонь привлекает клиентуру, а Вода поддерживает экономический поток.

Элемент **Земли** является первозданным, так как это основа, на которой держится все.

Два украшенных сосуда с засушенными цветами или каменный постамент могут символизировать стихию Земли.

Земля должна присутствовать в конструкции, а также находиться в центре помещения или на юго-востоке, поскольку именно там она проявляет себя наилучшим образом. Земля дает безопасность, но должна сопровождаться Огнем на Юге и Водой на Севере.

Земля стабильна, поддается формовке и является отражением всей планеты.

Если вы хотите, чтобы бизнес просто выживал и заботился о земной стихии, этого достаточно.

Элемент Металл очень динамичен и активен, имеет множество возможностей в бизнесе. В прошлом в Китае Металл считался золотом.

Элемент Металл олицетворяет силу и власть, постоянство, безопасность и богатство,

Его позиция - Запад, и не забывайте, что Металл усиливает любую позицию входа и выхода из бизнеса, наряду с кристаллом.

Деревянный элемент является основой конструкции, несмотря на свою хрупкость.

Дерево следует размещать на востоке бизнеса, но желательно располагать его диаметрально по отношению к Металлу.

Металл - на западе, Дерево - на востоке, Огонь - на юге, Вода - на севере, Земля - в центре, чтобы ваш бизнес всегда был успешным.

Значение стихий в китайском гороскопе

Элемент Металл

Люди, родившиеся в годы, оканчивающиеся на 0 или 1 в китайском гороскопе, относятся к стихии металла. Металл, материал, из которого делают щиты и мечи, — это элемент, символизирующий твердость и честность, а также суровость.

Металл - элемент осени, сезона урожая и изобилия. Он двойственен, как и функции его стихии, поскольку в виде меча он ликвидирует, а в виде ложки - питает. Металл происходит из земли, в нем доминирует Огонь, и он преобразует дерево.

Личность этих людей, принадлежащих к стихии металла, имеет тенденцию к ярко выраженной амбивалентности. Лучше всего им работается в одиночестве, так как они ни перед кем не отчитываются.

Они решительны, сами вершат свою судьбу, упрямы, профессиональны и равнодушны к любым попыткам компромисса. Свобода для них превыше всего, и бесполезно пытаться давить на них, а тем более помогать им, потому что они никого не слушают и не приемлют вторжений и препятствий. Они полагаются только на себя и не позволяют никому произвести на себя впечатление, поскольку они сильны и способны совершать великие дела.

Для них не существует трудностей, которые могут их остановить, и даже если ситуация становится несостоятельной, они сопротивляются до конца. Они амбициозны и расчетливы, любят деньги, власть и успех, и не пожалеют средств для достижения своих целей, даже если это будет означать разрыв отношений.

Они предназначены для профессий, позволяющих проявить свою стихию: ювелиры, финансисты, страховщики любого рода, слесари, шахтеры, хирурги, а также для любого контекста, который позволяет им выделиться среди других. Они также могут преуспеть в профессиях, связанных с деревом или бумагой. Профессии, связанные с водой, принесут им пользу, профессии, связанные с землей, могут вызвать конфликты, а от профессий, связанных с огнем, следует держаться подальше.

Их не интересуют чувства, их не трогают трудности других людей, и они манипулируют ими, если могут получить преимущество. Страдают от этого именно люди стихии дерева, поскольку она манипулирует ими и подавляет их лобовой агрессией. Однако люди водной стихии, поскольку они восприимчивы, получают эффективный толчок, который приносит им огромную пользу. Единственные, кто действительно может их прогнуть, — это представители стихии Огня, так как они с заразительной эмоциональностью доминируют над их бесчувственностью и суровостью.

Физически представителя стихии металла можно узнать по грустному взгляду и анемичному цвету лица. Они хрупки, склонны к стрессам, на них могут влиять перепады температуры и неправильное питание. Поэтому им следует возбуждать аппетит, делая упор на острую пищу.

Наиболее благоприятное время года для них - осень, в этот период они могут максимально раскрыть свои потенциальные возможности, но это не значит, что нужно переусердствовать или упрямиться. Ему следует носить белую одежду, а в качестве амулетов использовать металлы и белый кварц.

Металл жесткий и непреклонный, не боится опасности. Это независимый тип человека, который, движимый жадностью, действует настойчиво, концентрируется на успехе, планирует наперед и не приемлет спонтанного.

Приняв однажды выбранный путь, он уже не меняет его. Несмотря на внешнюю невосприимчивость, люди этой стихии излучают магнетизм, который воспринимается всеми, с кем они общаются. Однако, чтобы воспользоваться своими способностями, они должны научиться быть менее догматичными, так как это мешает им в отношениях.

Люди, родившиеся под знаком металла, должны воспитывать себя, чтобы уметь выражать свои эмоции. Если они этого не сделают, то почувствуют, что их энергия уменьшилась.

Элемент Земли

Люди, родившиеся в годы, оканчивающиеся на цифры 8 или 9, относятся к стихии Земли. Этой стихии соответствуют такие характеристики, как стойкость, упорство и плодовитость. Хотя в китайской астрологии Земля не имеет собственного сезона, в календаре она связана с последними двумя-тремя неделями других сезонов.

 Земля - стихия, олицетворяющая стабильность и осязаемость, но при избытке она превращает людей в осторожных, подозрительных и упрямых, ограничивая их инициативы и фантазии.

Человек стихии Земли терпелив и скромен, всегда работает с постоянством, не давая себе ни секунды на радость или расстройство. Он никогда не устает и, может быть, как жадным и материалистичным, так и наивным и осторожным. Самая несомненная его черта - подчеркнутое уныние. Он слишком серьезен, любит планировать и руководить, ужасно боится случайностей, и, хотя он умен и обладает исключительной памятью, ему мешает выглядеть блестяще.

Неутомимый рефлектор, амбициозный и тревожный, он подвержен, таким образом, перезарядке селезенки - органа, связанного с этой стихией и ослабленного при резкой психике человека.

Человек, принадлежащий к этой стихии, завязывает личные отношения постепенно, но прочно и надолго. Он очень предан и защитник в любви, всегда готов заключить договор и выполнять свои обязанности, и, хотя он не демонстративен в своих эмоциях, является плечом, на которое всегда можно рассчитывать, потому что он будет рядом в те моменты, когда вам это необходимо.

В работе они серьезны и уединены, но при этом организованны и надежны. Это именно те люди, которые ведут дела с моралью, строгостью и огнеупорной честностью. Рассудительность делает их непревзойденными посредниками в решении проблем, способствуя своим практичным и удобным выходам. Они подходят для профессий, требующих сноровки, но не предполагающих инициативы, а также для лидерских ситуаций.

Хотя ее нелегко переносить из-за капризности, ностальгии и неумения быть жизнерадостной, она хорошо взаимодействует с элементом металла, которому придает стабильность, и с водой, которую ей удается сдерживать и умело управлять.

Обычно он конфликтует с элементом Дерева, который хотя и защищает его, но иногда и душит, а также с Огнем, который подгоняет его в той же мере, в какой и ослабляет.

Элемент земли связан с планетой Сатурн. Вы должны быть очень осторожны с потреблением сладостей, то есть того, что вы любите, поскольку это связано с вашей стихией. Им всегда следует выбирать натуральные сладости и ограничить употребление белого сахара, так как он разрушает кальций в костной системе. Другим слабым местом является пищеварительная система, которая обычно сильно наказывает его, поэтому ему следует придерживаться легкой и легкоусвояемой диеты. Рекомендуется стремиться к прямому контакту с Матерью-Землей, ходить босиком по песку или в поле.

Его счастливый цвет - желтый, а кварц - топаз и цитрин.

Земля олицетворяет богатство, разумность, материализм и безопасность. Эти люди склонны к интроспекции, что обусловливает их высокую способность к рассуждениям. Земля - вместилище жизни, и это накладывает неизгладимую печать на тех, кто родился под влиянием этой стихии, поскольку это стабильные люди, которым можно делегировать полномочия.

Земля питается огнем, вырабатывая огромную энергию, которая нагревает и плавит металл, подчиняет себе воду и поглощает дерево.

Чтобы чувствовать себя хорошо, человеку стихии Земли необходима материальная обеспеченность, хотя следует отметить, что они трудолюбивы, формальны и организованны. Их можно упрекнуть в претенциозности, но в силу своих достоинств они продвигаются к цели медленно, получая стабильные результаты.

Элемент огня

Люди, родившиеся в годы, оканчивающиеся на 6 или 7, соответствуют стихии огня. К этой стихии относятся страсть, смелость и лидерство. Стихия огня — это стихия летнего сезона, когда все плодоносит и достигает своего завершения. Она связана с планетой Марс, благотворной, но иногда импульсивной. Она чрезмерно стерильна и символизирует человека, который преуспевает, но при этом плохо обращается с другими. Бойкий, тщеславный, раздражительный, человек этой стихии переходит от гнева к безудержной радости.

С детства он обладает лидерскими качествами, в его жизни присутствует честолюбие, он любит опасности, смех, энтузиазм и конфликты. Трудности не отпугивают его, а побуждают к действию, и в этих случаях с ним происходят бурные метаморфозы.

Эти люди рождены, чтобы побеждать, но не умеют этого признать, потому что не умеют наблюдать за собой и использовать свою энергию. Они великолепны в военной сфере, в спорте, в качестве начальников, так как остальные гибнут перед их харизмой. Они умеют использовать энергию стихии дерева, ставя ее гений себе на службу, и вызывают у людей стихии земли жизненную смелость двигаться вперед.
Люди водной стихии склонны гасить свою страсть, а люди металлической стихии подвергают ее испытанию жесткостью, истощающей их энергетическое поле.

Наиболее легко повреждаемым органом у этих людей является сердце, возможна тахикардия. Кроме того, они могут страдать от проблем с ушами и кишечником. Им следует носить одежду ярких цветов, среди которых преобладает красный, а также использовать в качестве амулетов такие кварцы, как гранат и гематит. Также следует использовать благовония и свечи.

Эти харизматичные, страстные и беспринципные люди хорошо общаются и нацелены на действие. Их эгоизм и стремление к успеху не поддаются исчислению, и они полагаются только на собственное мнение. Они склонны пренебрегать деталями, так как иногда проявляют упрямство и берутся за достижение целей, требующих напряженной работы.

Люди, рожденные под влиянием стихии огня, позитивны, всегда отдают все силы и с любовью и желанием берутся за любое дело.

Их энергия служит для поддержания окружающих, которым ее не хватает.

Огонь обогревает жилище, он позволяет нам готовить пищу. Эта стихия питает землю через пепел, она питается сухим деревом, то есть древесиной, ее тепло доминирует над металлом, то есть делает его гибким, а доминировать над ним может только вода.

Лидер всегда обладает избытком стихии огня и склонен к быстрому принятию решений. Его привлекают нестандартные идеи, он не боится опасности и всегда находится в движении. Ему важно научиться эмоциональному интеллекту, так как высокомерие может усилить эгоизм и сделать его неуправляемым, особенно когда он сталкивается с препятствиями. Этот само разрушительный стиль проявляется в основном в юности.

Успех сопутствует людям огненной стихии, но им следует быть очень осторожными с нестабильностью и неугомонностью, которые являются наиболее типичными недостатками рожденных под огнем. Лучше овладеть этими недостатками, чтобы не оказаться в их рабстве. Им следует искать тихое место, где они могут быть спокойны, а медитация также поможет им обрести равновесие.

Люди стихии огня упорны и прибыльны.

Элемент Дерево

Люди, родившиеся в годы, оканчивающиеся на цифры 4 или 5, относятся к стихии дерева. Дерево — это элемент, символизирующий гармонию, красоту и творчество. Они обладают очень высокой степенью уверенности в себе и железной волей, что делает их подходящими людьми для борьбы за правое дело.

Дерево связано с планетой Юпитер, это самая благотворная из стихий, символ постоянства и знания. Приспосабливаемое, оно удобно гнется и имеет множество применений, характеризуя общительных, уступчивых и честных людей.

Люди стихии дерева творческие и жизнелюбивые, но иногда они разбросаны и не могут найти свой путь и реализовать свои цели. Они доверяют окружающим до невинности, любят общаться со всеми подряд, постоянно открывая для себя что-то новое и удовлетворяя себя. Их привлекает природа и дети, они отдают предпочтение семье.
Иногда они склонны к неоправданным ожиданиям, имеют привычку принижать свое тело, чрезмерно налегать на еду, увлекаться страстью и чувственностью.
Они привыкли выбирать себе в партнеры представителей водной стихии, от которых черпают смелость и поддержку, и представителей огненной стихии, которых они выгодно снабжают своими блестящими идеями.
Он не очень хорошо уживается с металлическим элементом, который безжалостно его разрушает.

Дерево используется для строительства убежищ, поэтому оно защищает нас. Дерево совпадает с творческим потенциалом воды, и благодаря этому качеству они понимают и помогают другим.

Рожденные под стихией дерева испытывают внутренние противоречия, заставляющие их подчиняться правилам и традициям, где постоянно действует суровый приговор. Эта стихия питает воду и в то же время является топливом для огня. Ее энергию всасывает земля и подчиняет себе металл.

Люди стихии дерева всегда добиваются больших успехов, обладают желанной структурой. Их призвания многогранны. Они придают большое значение честности, стремятся найти постоянное место в жизни. Вера в успех и аналитические способности дают им возможность без колебаний решать самые сложные задачи. Обладая невероятной силой убеждения, они работают во многих областях, поскольку всегда стремятся к развитию и преобразованиям.

Природная воля помогает им двигаться вперед, они всегда находят поддержку и необходимый капитал, поскольку другие люди рассчитывают на их способность превращать идеи в богатство.

Его главное препятствие - доводить дело до крайности. Гнев и сдерживаемый гнев абсолютно негативно влияют на энергии этого элемента. Нахождение рядом с деревьями и прикосновение к ним уравновешивает стихию дерева.

На работе люди, принадлежащие к стихии дерева, отличаются организованностью, умом и находчивостью. В коммерческой деятельности они более плодотворны, когда работа носит командный характер и хорошо структурирована.

Ни одна сфера деятельности, связанная с их стихией, не является неблагоприятной, но та, что связана с огнем, может в той или иной

степени повлиять на них, а та, что связана с
металлом, разрушит их.

Элемент воды

Самый нечувствительный и генетический элемент, аффинный к зиме, долголетию и планете Меркурий, является управителем общения и глубоких привязанностей.

Человек водной стихии чувствителен, но герметичен. Он милосерден, сентиментален и раним, ненавидит критику и поэтому предпочитает действовать скрытно, чтобы защитить себя. Он сердечен, красноречив и в то же время благоразумен, умеет преодолевать неудачи без показухи, с помощью хитрости, проницательности и настойчивости. Таким образом, он достигает своих целей косвенно и молча, производя впечатление внимательного и понимающего человека.

Недостаток энергии - проблема для водного элемента, если он не научится уравновешивать свою беспомощность силой, которая приходит от размышлений и общения с самыми глубокими частями своего существа. Паника всегда является путеводной нитью его драматической жизни, часто прожитой в темноте из-за страха проявить себя и вступить в борьбу.

На профессиональном уровне их сдерживает конкуренция, однако они хорошо работают в чистых и защищенных местах, таких как школы, книжные магазины, редакции или любые места, где общение, устное или письменное, является основным механизмом, и в компании мирных коллег, соответствующих их личности, таких как, например, человек стихии дерева, с которым совпадает стремление к мудрости, или металла, от которого они получают решение. И наоборот, он не приспосабливается ни к представителям стихии огня, которых он гасит и отталкивает, ни к людям, принадлежащим к стихии земли, с которыми он чувствует себя ограниченным, обусловленным и затрудненным.

Черный цвет благоприятствует им, но использовать его следует умеренно, поскольку он, как правило, отпугивает их. То же самое происходит с темными кварцами, привлекающими удачу, такими как струя, оникс и турмалин. Чтобы наилучшим образом использовать свои качества, не впадая в крайности и не распыляясь, человеку водной стихии следует начинать свои планы зимой.

В позитивные периоды любовных отношений представители этой стихии проявляют нежность, уравновешенность и осторожность - потенциалы, позволяющие им вести себя с необходимой проницательностью, чтобы устранять причины конфликтов, когда они возникают.

Они обладают невероятной способностью к рассуждению, хотя их замкнутый, глубокий и пасмурный характер приводит к тому, что они склонны к меланхолии. Им также свойственны неуверенность в себе и дерзость. Творчество - одна из основных характеристик, характеризующих эту стихию, а также адаптация, мягкость, милосердие и сочувствие. Без воды на земле не было бы живых существ, эта стихия чиста и кристальна, какими качествами обладают те, кто принадлежит к этой стихии.

Люди, принадлежащие к этой стихии, приветливы и прекрасно владеют собой. Они обладают оригинальной интуицией, которая позволяет им быстро завоевывать. Выносливость и ясность дают им возможность предсказывать события.

Они могут воспринимать способности других людей, эффективно их использовать, но при этом они сдержанны и не позволяют окружающим заметить, что они их используют.

Злоупотребления натрием или алкалоидами, а также жизненные прототипы, отклоняющиеся от общепринятых структур, очень вредны для людей, рожденных под стихией воды. Соблюдение режима сна, спокойное психическое и эмоциональное состояние, контакт с водой восстанавливают их гармонию и оптимизируют энергетику.

Люди, принадлежащие к знаку водной стихии, могут иметь профессии, связанные с деревом и огнем, и быть успешными, иметь работу, связанную с их собственной стихией, и отказываться от карьеры, функций и работы, связанных с землей, так как земля подчиняет себе воду.

Совместимость и несовместимость

Они совместимы:

Крыса - Дракон - Обезьяна.

Они общаются друг с другом через свои личности, которые очень активны и дружелюбны. Все трое трудолюбивы, нетерпеливы, страстны и неугомонны, всегда имеют высокие устремления. Они полны идей, обладают выдержкой и смелостью, необходимыми для их реализации, всегда приходят к новаторским, неожиданным, удивительным и сильным решениям.

Тигр - Лошадь - Собака.

Их объединяет удовлетворение, которое они испытывают при взаимодействии. Их объединяет скромность, достоинство, честность и упрямый альтруизм. Проницательные, проницательные и коммуникабельные, хотя и немного жестокие, и строгие, они энергично борются с неравенством, насилием и беззаконием. Эти три знака никогда не продают свою совесть.

БЫК - Змея - Петух.

Эти три знака объединяет формальность, разумность и серьезность, которой они добиваются в своей жизни. Энергичные, предприимчивые и неутомимые, негибкие в своих решениях, они любят все переосмыслить и спокойно спланировать, прежде чем брать на себя обязательства, о которых потом придется пожалеть. Их недостаток - холодность, поскольку разум для них должен преобладать над эмоциями.

Кролик - Коза - Свинья.

Три эмоциональных знака, которых объединяет творческий потенциал. Инстинктивные, восприимчивые, чувствительные и замкнутые, они легко приспосабливаются к среде обитания и, будучи хорошими добытчиками, не прочь зависеть от других. Их ежедневные аффирмации всегда содержат в себе слова: совершенство, союз и соответствие.

Примечание: Противоположные знаки - противоположные враги:

Крыса - Лошадь

БЫК - Коза

Тигр - Обезьяна

Кролик - Петух

Дракон - собака

Змея - Свинья.

Змея

Характеристики

Змея обладает паранормальными или экстрасенсорными способностями. Хорошо известное шестое чувство позволяет змеям чувствовать риск и слепо рисковать при реализации новых планов просто потому, что их посетило предчувствие.

Змея проницательна и способна прояснить сложные поступки человека. Именно поэтому среди людей этого знака встречаются психологи, медиумы и парапсихологи.

Змеи умеют помогать нуждающимся, если это не отражается на их банковском счете. Иногда у них проявляется склонность к материализму, и, хотя они не жадные, им трудно быть отстраненными. Она склонна к чрезмерной экономии, а затем не находит достойного применения этим деньгам, поскольку одна только мысль о тратах вызывает у нее тревогу. Однако она любит играть в некоторые азартные игры, поскольку родилась под знаком звезды.

В любви они собственники и не выносят измены партнера, поэтому ревнуют. Змеи тщеславны, они очень хорошие любовники и получают удовольствие от того, что спокойно увлекаются доминированием другого человека. Они спокойны и не любят неожиданностей. Они снисходительны к себе, но очень жестко предъявляют требования к другим.

Змеи любят изобилие и красоту. По этой причине многие змеи ищут себе партнеров с экономическим статусом.

У Змеи вряд ли возникнут проблемы с деньгами, поскольку она получает все необходимое в нужное время. Если по воле случая она понесет крупные финансовые потери, то это обстоятельство не повторится, так как Змея быстро адаптируется. Она может с необычайной быстротой восполнить недостачу и, как правило, очень разумна в переговорах.

Когда Змея полна гнева и ярости, ее обида не знает границ, ее скрытая и молчаливая враждебность не дает покоя. Ее гнев проявляется скорее в унижении, чем в бурной ссоре. Она всегда на шаг впереди любого подозрения и умеет выжидать удобного момента для мести.

Что касается партнеров, то здесь она руководствуется своими правилами. Ей нравится власть и все, что она символизирует, в том числе, очевидно, деньги, и если она не может получить их сама, то выйдет замуж за того, кто ими обладает, или за партнера.

Независимо от того, насколько благополучным или нуждающимся является Ваш партнер, он станет для Вас источником капитала. А если он по какой-то случайности не занял важного места, но обладает способностями, Змея непременно подтолкнет его к успеху. Она изучит все, что необходимо, и будет действовать как замечательный судья, не переставая проницательно указывать ему на каждый случай, открывающийся ему на пути.

Все Змеи обладают развитым чувством юмора. В трудных ситуациях Змея всегда придумает шутку, которая поднимет настроение. Даже в самых тяжелых ситуациях Змея не преминет воспользоваться этой искрой.

Наилучшие отношения для Змеи складываются с Быком, Петухом и Драконом. Они также образуют хорошую комбинацию с Крысой, Кроликом, Козой и Собакой.

Ей следует держаться подальше от Тигра, который может не оценить ее проницательности. Лошадь - вульгарная родственница, а озорство Обезьяны поставит под сомнение проницательность Змеи.

Между двумя Змеями может быть мирная гармония, но со Свиньей у них нет ничего общего.

Змея

Водяная змея

Водяные змеи хитры, активны, но очень ласковы. Иногда они покидают дом в раннем возрасте, чтобы построить себе достойное будущее из-за неблагополучного семейного положения.

Эти Змеи ценят любую возможность и преуспевают в бизнесе благодаря своему авантюрному характеру. В среднем возрасте они проживут солидную жизнь, пережив различные взлеты и падения.

Водяной Змее следует трижды подумать, прежде чем решить, во что вложить свои силы, поскольку, несмотря на свою коммуникабельность, в различных ситуациях они меняют свое мнение.

Водяная Змея - самая проницательная из всех Змей. Ее интересы разнообразны, поскольку знания универсальны, но она постоянно работает над собой и всегда идет в ногу со временем. Чаще всего Водяная Змея встречается в культуре, космографии, банковском деле, где она посвящает себя гаданиям. У нее много почитателей, которые ценят ее достоинства. Она является психологом людей и умеет ими манипулировать.

Она спокойна и беспристрастна, но по-настоящему мстительна, и, если ее бесконечное терпение иссякнет, будьте готовы к смертельному укусу.

Деревянная змея

Древесные змеи придают большое значение организованности и любят жить в роскошно оформленной обстановке.

Древесные Змеи обладают талантом ценить искусство и очень изобретательны. Их вкус тонок, и они умеют отличать хорошие произведения от плохих. Они любят коллекционировать старые вещи и умеют за ними ухаживать.

Древесная змея обладает выдающимися качествами по сравнению с другими змеями. Она празднична, с чувством юмора, общительна и внимательна. Ее всегда окружает множество друзей, которые ценят ее мудрость и способность к служению. Она также ценит их, но никому не позволяет вторгаться в свою душу.

Эта Змея предпочитает действовать в одиночку или в небольшой и дружной группе, где все равны, где никто не приказывает, потому что она ненавидит проповеди. Она не терпит раздоров и конфликтов.

Это самая честная Змея, обладающая острой мудростью и пониманием расстановки сил. Она нуждается в сильной психической независимости и настойчива в своих действиях. Деревянная Змея всегда стремится к умственной, эмоциональной и финансовой стабильности и добивается ее. Эта Змея обладает способностью твердо выражать свои идеи и может быть убедительным проповедником.

Элемент Дерева делает Змею соблазнительной и обаятельной. Она сияет, как прожектор, не убеждает окружающих в своей наивности, а увлекает их за собой. Змее свойственно стремление к дороговизне, однако из-за тщеславия у нее может сложиться неверное представление о себе. Поскольку эта Змея жаждет всеобщего почитания, она пойдет на многое, чтобы добиться долгосрочного и грандиозного триумфа.

Огненный змей

Огненные Змеи обладают опытом и мудростью, думают быстрее и видят яснее, чем другие, очень разговорчивы. Они активны и любят драматизм. Они рождены быть комиками и танцорами. Они абсолютно точно умеют раскрывать свои чувства в рассказах, хотя им не свойственно рассказывать о своей личной жизни.

Эта Змея имеет свое мнение и не боится его высказывать. Но если они ее беспокоят, то она ожидает ядовитых и жестоких прилагательных или эпитетов. Такие вещи плохо сочетаются с ее внешностью и поведением. Она доступна для общения, подходит к людям и является хорошим руководителем.

У этой Змеи много друзей, которые искренне восхищаются ею за удивительное чувство юмора, умение вставить едкое слово и неожиданно предотвратить любую насмешку.

Огненная Змея должна научиться гибко относиться к чужим недостаткам.

Эта Змея энергична как умственно, так и физически. В ней много огня, и это делает ее пылкой и страстной. Соблазнительная в глазах всех и обладающая грацией, она способна заворожить любого. Она олицетворяет уверенность в себе и может быть лидером.

Огненный Змей может сражаться открыто, по своей природе он необычайно подозрителен и полагается только на себя. Она необычайно быстро наказывает, сильна, наделена экстравагантным стремлением к известности, богатству и власти, а потому настаивает на точном результате.

Земляная змея

Земляные Змеи умеют контролировать свои чувства, потому что они очень рассудительны. Их романтические отношения очень интенсивны, они переживают много романтических разрывов на протяжении всей жизни, но благодаря здравому смыслу быстро восстанавливаются.

Земляные змеи не любят, когда их контролируют, поэтому никогда не стоит их допрашивать. У них много возможностей заработать деньги, но им очень трудно их сохранить. Иногда они совершают так много ошибок, что упускают из виду реальные возможности. Им следует быть более стабильными и эффективными.

Земляная Змея всегда ориентирована. Она никогда не торопится, потому что таким образом избегает наплевательского отношения к себе. Все задания она выполняет с точностью и ожидает большего, если ее труд будет оценен по достоинству. Этой Змее можно доверять в бизнесе, особенно в работе, требующей точности и честности.

Земляные змеи добросердечны и способны сопереживать другим. У нее много дружеских связей, и она оберегает свою семью.

Это искренняя Змея, имеющая принципы, ценности и упрямая. Благодаря способности видеть все раньше других и врожденной извилистости интересов она умеет взять на себя ответственность и разрешить любую ситуацию, в которой царит хаос. Земляную Змею трудно сдерживать, ее никогда не интересует общественное мнение.

Эта Змея постоянна в своих суждениях и всегда оставляет за собой право выбора собственных решений. Она обладает врожденной грацией к моде и умеет ею пользоваться.

Металлическая змея

Металлическая Змея - уважающая себя, очень смелая и способная, ее окружает множество последователей из всех сфер ее жизни. Большинство из них обладают величественной внешностью, они очень элегантны.

Эти Змеи обладают большой уверенностью в себе и производят впечатление высокомерных. Им удобно все делать самостоятельно. Она блестящий стратег, тонко чувствующий, когда и как нужно стремиться к прибыли. Ее интересуют только друзья и семья, остальные к ней равнодушны.

Эта Змея обладает тонким умом и несгибаемой силой воли. Она очень изысканна в своих вкусах, верно подмечая все случаи и возможности, чтобы сделать следующий шаг. Она любит двигаться быстро и бесшумно, умеет занять выгодную позицию прежде, чем кто-то успеет ее замедлить.

Металлическая змея всегда старается извлечь максимум пользы из всего, что попадается ей в жизни, будучи более предусмотрительной, неоднозначной и постоянной, чем другие змеи. Эта змея знает, как избавиться от своих противников, а также от людей, которые ей завидуют.

Змея

Приготовьтесь к 2024 году, потому что ваша харизма возрастет, и вы станете душой каждой встречи. Вы будете притягивать людей без малейших усилий. Все будут приглашать Вас и хотеть быть с Вами. Вы будете знать, как общаться с влиятельными людьми, и в этом году Ваши амбиции будут вознаграждены. Будьте внимательны к тому, с кем вы разговариваете, с какими людьми общаетесь, иначе наделаете ошибок. Вы познакомитесь с новыми людьми, которые откроют вам двери в новое окружение и бизнес, но еще раз совет - не торопитесь и хорошо анализируйте, с кем вы связываетесь, если не хотите попасть в сети хищника. Это будет сказочный год для Вас.

Хороший год для любви. Если у Вас есть партнер, Вы будете счастливы, но при этом проанализируете свои отношения сдержанно. Вы ясно увидите, что нужно изменить, чтобы быть полностью счастливым. Вы будете уверены, стоит ли продолжать отношения или расстаться. Если Вы одиноки, то Ваше намерение - покорить всех, кого только можно. Вы готовы соблазнять, влюбляться и развлекаться. Нет никого, кто мог бы остановить вашу страсть.

Некоторые смогут найти подходящего человека и пережить драгоценную страстную любовь. Если у вас есть парень/девушка, то этот год станет решающим в ваших отношениях, поскольку вы можете понять, что это человек всей вашей жизни, и решить обручиться или даже пожениться, а можете понять, что он/она вам не подходит, и решить расстаться. Если это так, то расстаньтесь как можно скорее, переверните страницу и выбросьте книгу. В противном случае вы окажетесь в ловушке тБЫКичных и несчастливых отношений, которые ни к чему не приведут.

Вы очень любите деньги, умеете их зарабатывать, но они легко уходят из Ваших рук. В этом году будут двигаться мощные энергии, и Вам придется научиться их удерживать, размышлять и хорошо думать, как их потратить или вложить, прежде чем делать какие-либо движения, иначе Вы потеряете свою экономическую стабильность. Не влезайте в долги, если они у Вас уже есть, выплатите их, лучше вложите деньги в сектор недвижимости. Будьте внимательны к своим расходам, и все у вас будет хорошо.

В этом году перед Вами откроется множество возможностей, но прежде, чем принимать решение, следует посоветоваться с семьей. Вы можете приобрести собственный дом или завести ребенка.

Если вы будете заботиться о себе, то ваше здоровье будет хорошим. Не злоупотребляйте едой, напитками и соблюдайте часы сна. Заботьтесь о своем теле, о пищеварительной системе и особенно о кишечнике. При правильном питании все будет хорошо.

Если вы чувствуете дискомфорт в глазах или затруднения при фокусировке зрения, обратитесь к офтальмологу для диагностики. Если не провести оперативное лечение, могут возникнуть сильные головные боли, которые не позволят вам нормально работать.

В год Деревянного Дракона они должны заставить себя уважать, проявлять благородство и остерегаться интриг, в которые они могут быть вовлечены. Змея обладает глубоким знанием человеческой натуры, она предвидит появление людей с дурными намерениями и знает, как с ними поступить.

Сочетание знаков Зодиака с китайским гороскопом

Если объединить восточный и западный гороскопы, то поразительно, насколько они связаны и точны.

Китайский и западный гороскопы - наиболее часто используемые гороскопы. Если у Вас есть возможность глубоко разобраться в них, то это облегчит Вам их использование и централизованный подход.

Оба гороскопа основаны на положении звезд, но в китайском гороскопе используется 28 созвездий, а в западном - 88. Китайский гороскоп основан на 12 животных, которые управляют каждым годом, а западный - на 12 знаках, которые управляют каждым месяцем.

Китайский гороскоп основан на лунном календаре и является самым древним из известных на сегодняшний день гороскопов. Возможно, ваш знак зодиака совпадает с вашим знаком в китайском гороскопе, но это случается нечасто. Если бы это было так, то предсказания были бы более точными.

Между знаками обоих гороскопов существует эквивалентность:

Овен/Дракон, Телец/Змея, Близнецы/Лошадь, Рак/Коза, Лев/Обезьяна, Дева/Петух, Весы/Собака, Скорпион/Свинья, Стрелец/Крыса, Козерог/Обезьяна, Водолей/Тигр и Рыбы/Кролик.

Комбинации

Змея

Овен / Змея

Это человек с необыкновенной силой воли. Он медлителен и методичен, никогда не доверяет чужому мнению. Его отличает благоразумие и интуиция, которая всегда подскажет, как лучше поступить в той или иной ситуации.

Мудрая Змея наделяет Овнов даром интуиции и тем самым гарантирует успех. Их решения всегда точны и своевременны, они с легкостью добиваются всего, что планируют. Они обладают невероятной способностью влиять на судьбы других людей.

Телец /Серпент

Эти люди производят впечатление людей позитивных, но нуждающихся в ласке. Их любят за уравновешенный темперамент. Они обладают безграничным терпением и поэтому всегда добиваются поставленных целей.

Союз целеустремленного Тельца и умной Змеи удачен, это энергия, усиленная прагматизмом, спокойствием и рассудительностью.

Близнецы/Змея

Это люди, полные энтузиазма и оптимизма. При всей своей многогранности они не поверхностны, а скорее склонны к абстрагированию и рассуждениям.

Люди этого сочетания организованны, что не характерно для знака Близнецов. Союз Змеи и Близнецов интересен тем, что эти два знака усиливают друг друга. Однако они могут быть требовательными.

Рак / Змея

Этот союз дает загадочную личность. Главная особенность - его интуиция. Он не терпит неприятной критики в свой адрес, хотя является привлекательным и веселым человеком, умеющим нравиться окружающим.

Он очень умен, чувствителен и корректен, поэтому общение с ним наполнено положительной энергетикой.

Лев /Змея

Эта смесь дает индивидуумов, лишенных прагматизма. Они активно участвуют в жизни других людей. Это очень сильная личность, которая всегда предъявляет завышенные требования. Они считают себя последним кокаином в пустыне, поэтому постоянно жалуются на других, хотя делают это тактично и дипломатично.

Он очень общительный, коммуникабельный, вежливый человек, но тщательно скрывает свои истинные чувства.

Дева/Змея

В результате такого сочетания получается спокойный человек, внушающий доверие окружающим. Поражает не только ее внешняя красота, но и хорошие манеры, воспитание. Она обладает сверх развитой интуицией и методичным умом. Она уделяет много времени размышлениям, чтобы иметь возможность делать выводы.

Он немногословен, но когда общается, то интересен, так как любит пошутить и пообщаться на нейтральные темы.

Весы/Змея

Это самый дипломатичный человек на земле. Это знаменитое сочетание, потому что такие люди очень спокойны и уравновешенны. Они очень вежливы и уважают мнение других людей.

Они не нуждаются в одобрении со стороны, поскольку очень уверены в себе. С ними легко найти общий язык, они с оптимизмом смотрят в будущее и своим обаянием привлекают в свою жизнь самых разных людей.

Однако они не так невинны, как кажется, их мудрость превосходит все границы, а взгляды - потусторонние.

Скорпион/Змея

Эта смесь склонна к непредсказуемым поступкам. Их воля очень сильна.

Такую комбинацию буквально невозможно сбить с толку, поскольку они всегда действуют в соответствии с собственными идеалами. Она делает исключительно то, что считает нужным, и при этом страдает от других. Все вокруг должны подчиняться ее воле, а если поступают иначе, то становятся ее врагами. Одновременно она ищет свой внутренний мир.

Стрелец /Змея

Эта комбинация - самая привлекательная и общительная из всех Змей. Она харизматична, но полна противоречий. Она умна и проницательна, но при этом способна принимать необдуманные решения, поскольку в то же время эмоциональна и импульсивна.

Окружающие почти не понимают его и не одобряют его причудливый образ жизни.

Козерог/Змея

Этот человек обладает развитым интеллектом, рассудительностью и пугающим хладнокровием. Он абсолютно равнодушен к окружающим и никогда не нуждается в их поддержке.

Иногда она гневно реагирует на критику в свой адрес. У нее очень одаренный ум, она всегда заранее просчитывает любую ситуацию. Она очень контролирует себя, не позволяет эмоциям захлестнуть ее, но, конечно, у нее много недостатков, которые делают ее обычным человеком.

Водолей / Змея

Эта комбинация проводит жизнь в стремлении к новым впечатлениям. Это сочетание вызывает симпатию, так как это эффективный человек с трансформационным мышлением.

Они обладают выдающимися навыками и несравненными способностями. Самое главное для них - не быть похожими на других. Они обладают энергией такого масштаба, что легко преодолевают любые препятствия.

Рыбы /Змея

Перед нами умеренный и образованный человек. Считается образцом справедливости.

Змея наделяет вас респектабельностью, властностью и твердостью. Ее отличают вежливость и терпение, но также капризы и желание отомстить, если вы встанете на ее пути. Она очень эмоциональна и желает жить страстями 24 часа в сутки.

Декорирование дома в соответствии с требованиями фэн-шуй

Фэн-шу — это китайская философия, изучающая окружающую среду, основанная на теории июнь и я и пяти стихий.

Специалисты показали, что в древнем Китае регулярно выбирали участки на территориях, окруженных горами и имеющих реку. Это происходило не только потому, что такие территории обеспечивали главные критерии выживания, но и для того, чтобы соответствовать закономерностям, установленным Фэн-шуй.

Основная идея фэн-шуй - достижение баланса между человеком и Вселенной. Если есть хорошие энергии, то есть и баланс, поскольку Фэн-Шуй влияет на судьбу каждого человека.

Изучая фэн-шуй, человек может работать над своей совместимостью с природой, окружающей средой и своей жизнью, чтобы достичь большего процветания и здоровья в жизни.

Теория пяти элементов

Теория пяти элементов является одним из компонентов Фэн-Шуй. Эти элементы играют важную роль в определении правильного Фэн-Шуй в конкретном помещении. К этим элементам относятся: Огонь, Земля, Металл, Вода и Дерево, и каждый из них имеет свою специфику, символизирующую определенные аспекты жизни.

Пять элементов — это выражение, используемое в фэн-шуй для объяснения структуры природы. Эти элементы действуют совместно и должны быть всегда сбалансированы.

Фэн-шуй для двенадцати знаков китайского гороскопа

Знак Крысы

Вода благоприятствует людям, родившимся под знаком Крысы, она помогает им обрести процветание. Чтобы добиться изобилия, им следует поставить аквариум с золотыми рыбками в северной части офиса.

Знак Быка

Люди этого знака достигнут процветания, если будут использовать стихию Огня. Для этого им следует разместить фарфоровые или керамические изделия на своих предприятиях или в офисах, а также в своих домах.

Знак Тигра

Стихия земли — это то, что следует использовать людям, принадлежащим к знаку Тигра. Им следует добавить что-то соответствующее, символизирующее стихию земли. Горшечное растение или естественно растущий цветок могут принести в их жизнь процветание.

Знак кролика

Для удачи и привлечения изобилия людям знака Кролика необходим тайный элемент земли в их жизни. Для этого следует спрятать нефрит или цитрусовый кварц в северо-восточной части дома или офиса.

Знак дракона

Северо-Запад отлично подходит для тех, кто родился под знаком Дракона. В этом направлении им следует поставить чашу с чистой водой, смешанной с небольшим количеством земли. Другой вариант - поместить в чашу цветок лотоса.

Знак Змеи

Процветание придет в жизнь людей, принадлежащих к знаку Змеи, если они будут использовать в своем доме или офисе металлические предметы, в частности золото и серебро.

Знак Лошади

Северо-запад - рекомендуемое положение для людей знака Лошади, чтобы получить большой капитал. Им следует поместить металлическую лягушку на северо-западе своего дома или предприятия.

Знак Козы

Север - соответствующая кардинальная точка для людей, родившихся под знаком Козы. Им следует поместить небольшую деревянную шкатулку или другой деревянный предмет на севере своего офиса или дома.

Если используется деревянная коробка, то в нее нужно положить предмет, связанный с их профессией. Например, писатель может положить в коробку карандаш.

Знак обезьяны

Для того чтобы в жизнь людей, родившихся под знаком Обезьяны, пришло благополучие, им следует поставить растение своего размера или больше в этой кардинальной точке на западной стороне дома или предприятия.

Знак петуха

Удача придет в жизнь тех, кто принадлежит к знаку Петуха, если они положат несколько семян в стакан, бутылку или чашу темно-красного цвета. При этом не следует использовать металл.

Знак "Собака

Людям, принадлежащим к знаку Собаки, следует отказаться от элементов Воды и Земли в своей жизни. Они могут поставить в своем офисе или доме поленья или ветки растений, но нельзя ставить их в Воду или Землю.

Знак Свиньи

Людям, родившимся под знаком Свиньи, для привлечения удачи необходим элемент Огня в их жизни. Они могут поставить в своем доме керамический поднос или другие предметы из глины.

Фэн-шуй 2024

В этот год Дракона следует носить браслеты или браслеты из жемчуга.

Амулет с фигуркой Дракона или куранты с кристаллами "Фэн-шуй удачи" следует поместить на юго-востоке дома или в семейной зоне спальни, кабинета.

Не забудьте украсить свой дом зелеными растениями, натуральными цветами различных расцветок, фотографиями, картинами или изображениями, характеризующими пейзажи и сады.

Также следует использовать деревянные украшения и не размещать фотографии умерших членов семьи рядом с текущими семейными фотографиями, так как вибрации этих фотографий несут боль и отнимают у вас энергию.

На самом деле китайский Новый год имеет множество традиций, связанных с прощанием со старым и подготовкой к новому. Одна из традиций, которую мы рекомендуем соблюдать, - не готовить на домашней кухне в первый день китайского Нового года по лунному календарю, так как доставать острые инструменты, например ножи, привлекает дурную примету. Это может лишить удачи на весь оставшийся год.

Первые 15 дней празднуется китайский Новый год, и, хотя иногда на это действительно не хватает времени, желательно провести подготовку заранее.

Если вы успеете подготовиться заранее, это поможет вам привлечь благополучие. В этом году за два дня до наступления китайского Нового года, т. е. в четверг, 8 февраля 2024 года, начните делать глубокую уборку в своем доме. Не забывайте, что уборка в первый день Нового года считается плохой приметой, так как вы выметете всю свою удачу через парадную дверь.

В ночь перед китайским Новым годом, в пятницу, 9 февраля 2024 года, спланируйте и запишите все свои цели на год, если вы не сделали этого 1 января.

Запишите абсолютно все свои желания после Новолуния в пятницу 02.09.2024 в 5:58 вечера по восточному времени. Какие цели Вы хотите достичь в своей профессиональной деятельности, в сфере финансов, в любовной и семейной жизни? Составьте список для каждой сферы вашей жизни, которую вы хотите улучшить.

Если у вас есть возможность приобрести деревянный сундучок, то это будет идеальным вариантом, так как в него можно положить список желаний вместе с пиритовым кварцем и цитрином, известными как камни, привлекающие процветание и изобилие. В сундучок следует положить три китайские монеты, поскольку они являются традиционными символами изобилия.

Все, что вы положите в этот сундучок, будет защищать ваши желания и усиливать энергию процветания. Хранить сундучок следует в специальном безопасном месте, лучше всего на возвышенности, так как в этом случае вы сможете притягивать положительные энергии, находясь на видном месте.

Не забудьте надеть новую одежду, потому что она символизирует новые энергии, которые вы хотите привлечь в свою жизнь. Вам следует надеть какие-нибудь детали красного цвета.

В частности, в Новый год постарайтесь не расстраиваться, по возможности возьмите выходной, чтобы не волноваться из-за пробок и забот. Не забудьте зайти на рынок и купить пакет апельсинов, так как это символизирует приход благополучия в ваш дом в новом году.

Советы на 2024 год

Этот год благоприятен для личностного роста, поэтому следует использовать открывающиеся возможности и не только развивать свои навыки, но и осваивать новые.

Все, что вы делаете в 2024 году, — это инвестиции в ваше будущее. Это будет очень напряженный год, но его энергия обнадеживает, поскольку год Дракона предоставит вам возможности, необходимые для достижения успеха. Однако для того, чтобы получить выгоду, необходимо изучить все имеющиеся варианты и проанализировать все возможности.

Вы должны быть внимательны и готовы выслушать все советы и помощь. При наличии силы воли и инициативы перед вами откроются новые двери.

В этот год Дракона вам предстоит многому научиться, но если вы примете вызов, то сможете не только продвинуться в своей профессии и увеличить доход, но и приобрести ценный опыт.

В год Дракона вы не только получите большую финансовую выгоду, но и, благодаря своей предприимчивости, найдете хобби, которое принесет вам благополучие.

Однако необходимо соблюдать дисциплину в расходовании средств и тщательно составлять бюджет, особенно если речь идет об очень крупных сделках.

Если в течение года вам придется подписывать контракты или заключать важные соглашения, необходимо проверить условия и все последствия.

Чтобы добиться наилучших результатов, необходимо вести сбалансированный образ жизни, заниматься спортом, соблюдать режим сна и правильно питаться. Вам будет полезно завести новых друзей.

В год Дракона жизнь может вести себя загадочно и притягивать удачные события, которые откроют перед вами множество возможностей. Шанс играет важную роль в вашей жизни в этом году, трансформируя ваше экономическое положение. После мая будет наблюдаться повышенная социальная активность, и Вы сможете получить массу удовольствия.

Это будет плодотворный год, в котором нужно будет принимать решения, совершать покупки и получать удовольствие.

Те, у кого есть партнер, обнаруживают, что, объединившись, они достигают большего успеха.

Это год, в котором способность воспринимать возможности принесет много пользы, Год

Дракона обладает большим потенциалом, поэтому будьте открыты для возможностей и готовы к переменам и адаптации. Год Дракона вознаградит предпринимателей.

Вечером того же дня, перед началом года, следует сделать уборку в доме, открыть все окна для проветривания и расставить белые и желтые цветы во всех местах общего пользования. В частности, у входа в дом следует разместить благовония корицы, сандала, эвкалипта или лаванды, либо благовония Пало Санто, Белого Шалфея или Ванили.

Необходимо хорошо окурить дом. Окуривание — это действия по созданию дыма, как правило, с помощью благовоний, для ароматизации окружающей среды и использования его в качестве инструмента очищения и уборки. Его особенность заключается в том, что они источают приятный аромат, которому приписывают расслабляющие свойства. Многие люди используют благовония для изменения энергетических вибраций своего дома.

Если у вас есть благовония, которые вы собираетесь передавать по всему дому, не забывайте делать круговые движения вправо. Если вы намерены очистить личный участок, то начинать следует с собственного тела, начиная с ног и заканчивая головой, а затем возвращаться к сердцу, делая при этом легкие круговые движения.

Поскольку это год Кролика, желательно иметь в доме пару металлических или деревянных кроликов, а если есть возможность, то и стеклянных, так как они олицетворяют стихию года - воду.

Если у Вас нет такой возможности, то Вы можете символизировать его с помощью изображений, портретов или фигурок. Считайте, что это счастливый талисман, ведь в итоге кролик стремится к процветанию. Он принесет в ваш дом большое богатство.

Еще одна рекомендация на 2024 год - перекрасить некоторые стены своего дома в небесно-голубой цвет. Этот цвет является одним из цветов процветания в новом году. Будьте осторожны с перегруженностью дома синим цветом, не забывайте, что главное - соблюдать баланс. Если вы переборщите с синим цветом, то привлечете в свой дом уныние или апатию.

Альтернатива или вариант - носить его с собой в виде браслета, висящих сережек, маятников, снов, на кольце, связке ключей или в качестве талисмана в кармане или сумочке. Если у вас есть и кролик, и вода, то это сформирует ассоциацию богатства, крова и удачи в вашей жизни, доме или офисе. Всегда помните, что всему сопутствуют постоянство и усилия.

Если у вас есть возможность приобрести такие растения, как базилик, обладающий большой способностью генерировать изобилие, а также способностью уходить и транс мутировать плохие вибрации, вы не пожалеете. Еще одним хорошим вариантом будет жасмин - ваш дом всегда будет благоухать и наполняться хорошими вибрациями. Свежий жасмин должен быть в вашем доме всегда, когда у вас есть такая возможность, но самое главное, чтобы в первый день китайского года он был в любом уголке вашего дома.

Ритуалы начала китайского Нового года 2024

 Китайский Новый год следует встречать с радостью, музыкой и великолепным семейным обедом. Это время для празднования и сосредоточения внимания на удаче и процветании в наступающем году.

Вы должны надеть новую одежду, потому что это символизирует новое начало.

Для этого дня хорошо подходит резонансный цвет, например красный, который обычно символизирует гармонию, удачу и благополучие.

В ожидании Нового года избегайте носить белое или черное, так как именно эти цвета обычно надевают на похороны.

Проведение очищения для подготовки к китайскому Новому году в виде ритуала очень полезно.

Такая уборка призвана отогнать злых духов, которые могут прятаться в углах дома.

Обычно люди меняют мебель или переставляют ее, подкрашивают краску в доме, ремонтируют поврежденные участки, моют окна большим количеством воды.

Вечером того же дня, перед началом нового года, следует сделать уборку в доме, открыть все окна для проветривания и расставить белые и красные цветы во всех местах общего пользования.

Конкретно у входа следует разместить благовония из корицы, сандала, эвкалипта или лаванды, а также сжечь лавровые листья. Лавр - растение, обладающее способностью защищать, очищать и исцелять. Еще один способ привлечь в дом положительные энергии - сочетание корицы с лавровыми листьями. Сожгите лавровые листья и посыпьте их порошком корицы. Когда эта смесь будет зажжена, распустите дым по всем комнатам дома.

Необходимо хорошо окурить дом. Сахара — это действие по созданию дыма, как правило, с помощью благовоний, для ароматизации окружающей среды и использования его в качестве инструмента для очищения и взыскания.

Их особенность заключается в том, что они издают приятный аромат, который, как утверждается, обладает расслабляющими свойствами.

Многие люди используют благовония для изменения энергетических вибраций своего дома.

Если у вас есть благовоние, которое вы собираетесь передавать по дому, не забывайте делать круговые движения вправо.

Если вы намерены очистить личный участок, то начинать следует с собственного тела, начиная с ног и заканчивая головой, а затем возвращаться к сердцу, делая при этом легкие круги.

Поскольку это год Зеленого Деревянного Дракона, желательно иметь в своем доме пару деревянных драконов. Если у вас нет такой возможности, вы можете символизировать ее с помощью изображений, портретов или фигурок.

Еще одна рекомендация для 2024 года - покрасить некоторые стены своего дома в зеленый цвет.

Этот цвет символизирует процветание в текущем году. Не перенасыщайте свой дом зеленым цветом, помните о необходимости соблюдать баланс. Если вы переборщите с зеленым цветом, то привлечете в свою жизнь стресс.

Альтернатива или вариант - носить его с собой, в виде браслета, серег-подвески, маятника, шпалы, на кольце, брелоке или талисмана в кармане или сумочке, это сформирует ассоциацию богатства, укрытия и удачи в вашей жизни, доме или офисе.

Если вы сможете приобрести некоторые растения, такие как лаванда, рута или денежное растение, которые обладают способностью генерировать изобилие, а также способностью уходить и транс мутировать плохие вибрации, то вы не пожалеете об этом.

Поскольку вода - элемент, дополняющий дерево, фонтан у входа в дом будет привлекать благополучие. Не забывайте, что вода должна течь внутрь.

 Размещение фонтана в зоне богатства вашего дома, расположенного с левой стороны, сзади, если смотреть от входной двери, принесет вам много материальных выгод.

Наряду с зеленым, красный цвет является счастливым для 2024 года, его следует использовать в своем доме, чтобы активизировать энергию удачи. Вы можете носить красный цвет на одежде или с каким-либо другим предметом, например шарфом, шапкой или браслетом, чтобы привлечь деньги.

Китайский Новый год следует встречать с радостью, музыкой и великолепным семейным обедом. Это время для празднования и сосредоточения на удаче и процветании в наступающем году. **Следует надеть** новую одежду, поскольку она символизирует новое начало.

Для этого дня хорошо подходит резонансный цвет, например красный, который обычно символизирует гармонию, удачу и благополучие.

В ожидании Нового года избегайте носить белое или черное, так как именно эти цвета обычно надевают на похороны.

Проведение уборки для подготовки к китайскому Новому году в виде ритуала очень полезно. Такая уборка призвана отогнать злых духов, которые могут прятаться в углах дома.

Обычно люди меняют мебель или переставляют ее, подкрашивают краску в доме, ремонтируют поврежденные участки, моют окна большим количеством воды.

Об авторе

В дополнение к своим астрологическим знаниям Алина Руби имеет богатое профессиональное образование; Она имеет сертификаты по психологии, гипнозу, рейки, биоэнергетическому кристаллическому целительству, ангельскому целительству, толкованию сновидений и является духовным инструктором. Она обладает знаниями геммологи, которые она использует, чтобы программировать камни или минералы и превращать их в мощные амулеты или талисманы защиты.

Руби обладает практичным и целеустремленным характером, что позволило ей иметь особое и интегративное видение нескольких миров, облегчающих решение конкретных проблем. Алина пишет ежемесячные гороскопы для сайта Американской ассоциации астрологов; ознакомиться с ними можно на сайте www.astrologers.com. На данный момент она ведет еженедельную колонку в газете El Nuevo Herald на духовные темы, которая выходит каждую пятницу в цифровом виде и по понедельникам в печатном виде. Также у него есть программа и еженедельный гороскоп на YouTube-канале этой газеты. Ее астрологический ежегодник публикуется каждый год в газете "Diario las Américas" в рубрике "Rubi Astrologa".

Руби является автором нескольких статей по астрологии для ежемесячного издания "Today's Astrologer", проводил занятия по астрологии, Таро, гаданию по руке, исцелению кристаллами и эзотерике. У него есть еженедельное видео на астрологические темы на YouTube-канале New Herald. У нее была собственная астрологическая программа, ежедневно транслируемая на Flamingo TV, она давала интервью нескольким телевизионным и радиопрограммам, и каждый год она публикует свой «Астрологический ежегодник» с гороскопом знак за знаком и другими интересными мистическими темами.

Автор книг «Рис и бобы для души» Часть I, II и III, сборник эзотерических статей, опубликованных на английском и испанском языках, «Деньги для всех карманов», «Любовь для всех сердец», «Здоровье для всех тел», «Астрологический ежегодник 2021», «Гороскоп 2022», «Ритуалы и заклинания на успех в 2022 году: заклинания и секреты», «Занятия астрологией», «Ритуалы и талисманы 2024» и «Китайский гороскоп 2024» доступны на семи языках.

У нее есть свой канал на YouTube с темами психологии, эзотерики и астрологии, где вы можете насладиться видео о родственных душах, реинкарнации, языке тела, астральных путешествиях, сглазе, заклинаниях и многих других темах. Руби в совершенстве владеет английским и испанским языками, в чтении сочетает все свои таланты и знания. Место проживания на сегодняшний день: Майами, штат Флорида.

Для получения дополнительной информации вы можете посетить ее веб-сайт www.esoterismomagia.com

Анджелина А. Руби — дочь Алины Руби. С детства интересовалась всеми эзотерическими предметами и с четырех лет занималась астрологией и каббалой. Она обладает знаниями о Таро, Рейки и геммологи. Она является не только автором, но и редактором всех книг, изданных ею и ее матерью.

Для получения дополнительной информации, пожалуйста, свяжитесь с ней по электронной почте: rubiediciones29@gmail.com